Esther Kinsky

AM KALTEN HANG

viagg' invernal

Esther Kinsky

AM KALTEN HANG

viagg' invernal

MATTHES & SEITZ BERLIN

für Martin
i.m.

einem Jeglichen zu geben
nach seinen Wegen
JEREMIAH 32.19

Am wegesrand
traf ich einen er trat
aus den nesseln – mannshoch
und müd vor grün von regenreichen
sommern – und er entblößte sich
und sprach ich bins ich
bin das alles drei sonnen
krähe lindenbaum –
auch kühles grab?
auch das sprach er
bedeckte seine blöße und
trat rückwärts wieder in die
nesselwand denn
du sollst nicht und
es sei dir ein greuel so
steht es geschrieben und so
ging ein sommer dem ende entgegen
es gab nichts mehr zu sagen eine sonne
nach der anderen sank.

WIR sind der wind wir sind der wind wir
sind der wind ich hab die stirn
gelehnt an einen alten traum die wand
von haus hof aprikosen
baum so geht es zu ans schwere tor
schlägt niemand es ist still nur im gelaub
zukopfen mir und alt in diesem traum
da raunt es so und raunt es ungefähr wir sind
der wind wir sind der wind wir sind
der wind am tor der niemals schlägt
nur an bestrichnen pfosten schabt und
schleckt und nimmerschweigt die wand
sie schüttert schon und weiß
nicht ein noch aus und läßt die stirn
allein mit diesem traum vom alten wir
wir sind wir sind
der wind.

Aufbruch in regenstreifiges land : unterm dämmer im trüben bleibt rückwärts liegen was nicht mehr taugt : katzenkopf in der hohlen hand nur noch ein abdruck aus feinhaarigem dunkel im leeren griffkrummen suchen der finger ums erinnerte : dabei die elbe so tief : wasserschwund zwischen schneeverfleckten ufern ein krüppelflüßlein von unsteten

SIEH da sieh da ein engel
in engelstracht den kopf
gesenkt nach engelsart witternd
in den anbrechenden tag so
soll es sein ist es gut
ist es wirklich doch ist das
kein engelswort ein engel
streift sich vom schwingenpaar
was es zu sagen gibt
beispielsweise
übers vergehen der zeit über
vergängnis und auch diese alte
vergangenheit o stadt
der unbeständigkeit dafür
taugt sein laut ein dünner
anhaltender ton unter
halbgeschlossenen lidern der flügel
ein klagelaut etwa wie
der wind der unsterblichkeit oder
wimmern wie eine garbe
hinter dem schnitter
die niemand aufnimmt.

frösten verschreckt die böschungen blaßgelb bis farbleer im morgengrau : so fällt der regen fragt sich was bleibt davon liegen am herzen es ist doch kein schnee : was hat die landschaft zu sagen im vorüberzucken von schmutz und verwischten spuren : städte der unlesbarkeit betten sich in unwirtliche mulden : wollen nicht einmal winken

GESTERN noch
schlugen wir uns ins dickicht
so will es mir scheinen und – lautlos
liegen die auen des friedens –
hielten still warteten
ab was
würde sich rühren etwa
der trauerschnäpper zu unseren
häupten der matt schimmernd
gepanzerte käfer im laub
die buckelnde raupe am stamm
doch alles hielt mit uns
still und verstummte
wartete ab
welches wort sich wohl fand für die
abwesenheit jeglichen lauts
auf unwirtbarem weg.

mit ihren unbeholfenen fahnen die sich auf keine sprache verstehn : nichts hat sie zu sagen die säumende landschaft ein band das sich des weges zieht bestückt mit lumpen : diese bemäntelte erinnerung wie sie sich zutraulich aus zuschneller fahrt hinausgelehnt hat in die welt : abgang ins bayrische fremdgestein zwischen tännlingen männer die

Da sei der abend
hingeschenkt also
tonlos so blaß ein stück
zerblätterter himmel
darin zu lesen stand
du sollst
du sollst nicht
du sollst nicht pfänden
mühle und mühlstein
denn du pfändest das leben
so soll es gestanden
sein zwischen himmel und
erde allabendlich
auf diesem schmalen
und immer schmäler werdenden streifen
der zeit die blieb die bleibt die augen
schließ ich wieder soll sein zum
abend der hingeschenkt.

sich die hosen richten unter hundegebell : schlieren die weiler und wohnstätten straßenabseits in gesottener heimeligkeit : vom wandern abgekommen spürt man doch noch den zweierleiwind der sich an spitzen steinen gespalten hat : da fließt der inn grüner fluß aus früherer zeit wo runde steine unscharf auf den kalten wellen sprangen

NACH den gelben
blüten fragtest du noch
diesen kleinen büscheln die
wie aus versehen zweimal
blühen alljährlich
duftlos und halb im wilden
dem galt dein augenmerk ist es
ist es schon wieder so weit
wie weit daß die gelben
büschel blühen widerborstiges
gesträuch am ufer und anderen
grenzen gelbe wiederbringer
doppelzähler der lenze einen stab
vom mandelbaum seh ich
scherztest du am wasser
im schönwort september du hobst
noch die hand um zu sagen
wie sie wohl blühen im mai.

in längst abgeschobenen sommern : jetzt liegt er grau eingebettet in geschwinde gegend verworfene lieblichkeit von flußundgebirg wer achtet ihrer : heute ist nicht der tag fürs wühlen im abfall verschlossen auch haus und hof : wenngleich es hinter mancher pforte lacht womöglich bloß der wind : dazu auch allen graupelns talauswärts zum trotz ein

Wie wir opferten
farren um farren
zicklein um zicklein
turteltäubchen um
treue und folgsamkeit

im reinen gefäß
napfartig
rollten die wörter
als wollten sie würfel sein
aus ihren augen blickte die weisung:
einknicken des kopfes
reißen der flügel
ausschlagen des blutes
und immer ging alles
in rauch auf
zuletzt
schlug das herz bis zum halse
bis schnee fiel der reif einen weißen
schein gestreut hat ums haupt
auch das ein spiel
der müßigen engel.

wimpel sich dreht zum zeichen der gemütlichkeit : angefroren steht gestrünk im tauenden schnee : hängendes blattwerk bereit auf das schlechte feld zu sinken das in die falsche himmelsrichtung liegt : nach osten hin wird es offner glaubte man einst das waren die sprüche die man sich hier zurief : zu erntezeiten und beim zählen der steine im eigenen

Es hiess:
Nicht wahr ich schwieg
und von je.

Indessen rief einer fürchtend
von weitem mein herz
mein herz wie wird's
um mich geschehen in anbetracht
der unpaarigen dinge
ringsum.

Nur mut nur
zu heißt es da von entlegenem ort
wo das entlassene böcklein stillsteht am abgrund
drüben drüben
fällt schon der schnee hier
wird es nacht.

feld : es dunkelt es dunkelt weiter auf fahrt durch ein schläferland wo ein jeglicher sein bett hat aus dem sich hinauslauschen läßt in die nacht : auch bloß den abend schon : da reicht das wissen daß man das schläferlos gezogen hat ob groß ob klein : und was vorbeistockert da draußen das wölbt sich blechern um die mit dem stummellos : mit dem kurzen losholz

Wo HAT man ihn sich
zu denken den spitzen den stein
der des fußes harrt welche
kante hat er sich geschliffen und wo
war er schon gelände gebrochnes geröll
über die erde zerstreut
mit der zeit wo läßt er nun
straucheln und wie den
zaudrer den hadrer den
einsamen wandrer wer wird
zu fall gebracht soll zuschanden
werden am einbruch
unerwarteten winters wieder
verläuft sich die spur im schnee
von vogelschritten beschriftet
mit flüchtigen liedlein von dämmer
zu dämmer verharscht.

der wachbleiber auf ihrer art wanderschaft : im weißen morgen an der donau lau und leise da will auch ein stein aus der sandigen beuge geworfen sein : weidengewirr im abseits des wegs unter blasser sonne knirscht ein letzter splitter eis : ein korn rauhreif ruft trocken aus der kindheit : uferlängs und über brücken das städtische schmutzigsein am morgen

Auf der suche nach dem entkommenen stieglitz
ins gebirge geraten
auf borstigen grund
rast und ruh gefunden
zwischen schwarzem ginster
nun merk ich erst wie müd ich bin

zum liegen gekommen in sichtweite
von nestern des bluthänflings
hatt ich einen traum: einer
werweißwer man sah nicht
sein angesicht
träumte von boten
die wandten sich schweigend
von ihm ab.

fahle passanten streifen die gossen von uneingelösten traumzetteln bestreut : von keinem lid erhascht keiner wimper aus den ritzen erfischt zum gesindel gesunken und kaum noch mit ihren geknickten eckchen flossenhaft schlagend : ja das war ein traum pfeift sich so leicht dahin an der schuhspitze entlang und zwischen überbleibsel von unkenntlichem :

Wie ging es noch zu
im schatten im schatten
von diesem jenem baume da wir standen
blicktausch streifen der hände
und dann die lider
gesenkt gefährtenhaft
es raschelt wie von getier
in trockenen halmen am boden
und ist doch bloß
das längst gefallene laub und der verzehrte schatten
der sich krümmt im winterlicht
was soll das stroh beim korn
fragt das herz schon wieder zur unzeit
denn längst ist die krähe schon lauter
als alles rascheln
das wunderliche tier.

ach tag so soll es doch nicht weitergehn nirgendshin in niemandsnamen : so viel zu grauer erde abgegangener stein wer soll den tragen vorbei am lärm : aus soundsovielen dazu ersonnenen dingen und ihren kantigen zugehörigkeiten wohin bloß mit all dieser wucht : schon längst rollen wir ja rollen dem fuß enthoben der durchgetrauerten sohle

GELEGENTLICHE sehnsucht nach den feiern
nach der atemlosigkeit der zahlen
eins zwei drei sieben die regeln
aufsteigender aussprechbarkeit ach
sieben berge bäche und dergleichen
zwischen buchenstämmen lag alles
ausgebreitet und lichtgefleckt ob es
mir denn entgangen ist das gerücht
das umging vom gehtnichtmehr?
die suche gilt wie stets
dem ausgeschirrten gebet etwa laßt uns
gehen in die festen städte
und verstummen.

entwachsen aufs gebirge zu : die finger wund vom bloßen betrachten dieser schroffheiten der vorsprünge und scheintäler stürzende schatten : eingebildete kleinlawinen aus dem tritt geratener steilwanderer streifen das auge : nein es geht niemand durch dieses gebirg greift ins leere und setzt den fuß in den abgrund : diese landschaft bleibt für sich mit dem

Wohin die vier winde in die ich rief
wohin der staub der straße wohin
gras grün und blattwerk lieblich zuhäupten.
Winter will es werden.

Der bach gefriert gleich hier am rand
von meinem schritt und tritt da steht
das wasser stumm mit einem schlag.
So geh mein wort zur ruh.

Mir träumt mir träumt das alles
lag schon in der luft die seit geraumer zeit
so brandig roch wohin mit all den blättern.
Ein jeglicher an seinen dienst.

schütteren schnee : willkommen die tunnel : wegschläuche durch die felsen feucht hallt es von gesprenkelten wänden die sich mal ganz gehörten ein lichtlein will glimmen und da wird es hell : ach tag lichter mittag dich gibt es noch zwischen tannenfichtenzirbeln und den wie hingeworfenen dörfern in weiteren tälern :

KINDER gehen mit stöcken und schlagen
erfrorene zeisige aus dem gezweig
so geht es im winter sagt sich so doch
welche weisheit haben wir nun
da es kein wort gibt für dieses
dünne zerschellen und bersten der
eisgewordenen körper auftreffend auf
anderes eis?

Ratlos stehen die kinder am rand des gehölzes
und blicken ins weite.

So eilt es sich durchs gebirge : fremdler die augen beschirmend stets auf ausschau nach dem offnen nach weite nach horizont zwischen wald und höhen : wohin sind die flüsse die bäche sich rührendes wasser das den stein höhlt : wann weichen die berge : wann versickert der schnee : wann stumpft sich das eis ab: wald neigt sich über den weg im

AUCH die geköpfte
distel fand sich schließlich sie ragte
noch halb aus dem schnee
und der kopf
abgetrennt vormals lila
und grau lag in einiger entfernung
in eine wehe geschmiegt
ein krönlein des widermuts gern
hätte die distel um felsen der felder
den schnee gelassen doch hat sie
das ihre genossen sommer
und herbst und liegt also
darnieder.

verschneiten gewipfel lauern irrgäste auf wärmere tage und zucken mit ihren stummen zünglein um die sausende luft : unverschneiter steg wo bräunlich erde hervortritt noch neigt sich stein ganz nah : noch reißt sich der himmel an diesen zacken und der ganzen helldunklen felssplittrigen ungehobeltheit : spärlicherwerden der schatten blauer lichtet

KEINE rede von ruh im gebirg
vielmehr dröhnen und tosen der winter
ist noch nicht aus
liebliches
hält sich noch fern
auf unbestimmte zeit.   So ergeht
das wort an den wandrer
das ist die regel.   Ohne ruh
such ich ruh sagt der wandrer dagegen
betreten fast um stimme
verlegen im frost und sogleich
argwöhnt der heimische in ihm
ein unbändiges herz.

sich himmel : rötlicher schirmen sich bäume über weiches ackerland : im winterlicht stehen weinstöcke aufgereiht : niemand geht niemand steht mit dem rücken zum gebirge der stirn zur ferne die hingebreitet liegt in menschenleerer ländlichkeit schräg von zaghafter sonne beschienen : ist meer hinter den stillen dörfern den pappeln den gestutzten weiden

Als daß die luft so
ruhig ja reglos fast hier
am kalten hang wo es wintert
da ziehen vögel oben
so still nur begleitet
vom leisen beben des lichts auf dem
bauchgefieder weiß und leicht
in schwingung versetzt von
möglichem klang die ebene unterdessen
teilt sich in hell und in
dunkel in erde in stein
in blau und in widerblau
hier am hang diesem kalten von wo
sie zu sehen sind die glatten kiesel
des tales die mein teil sind sie
sie sind mein los als daß
die welt als
daß die welt so licht.

mit dem geschorenen haupthaar zwischeneinander aufgetürmt zu borstigen hügeln : ist meer hinter den schloten den blinkenden türmen gegen den abend hinter den brücken und verschlungenen bahnen : zähe bewegung staut sich zu zeilen abgestumpfter lichter : namen flackern vorbei treffen zugleich von hinten aufs augenfeld mit erinnertem : scharfes

Hinab ins land vom
gebirg vom starren
gelände verhaltenen steinschlags
im frost.   Hinab
ins flache.   Weiße dörfer
zwischen pappeln die felder
weit und rauhes
hängt auch hier im gezweig und
liegt in den furchen die leer sind
ansonsten.   Winter ist die
klobige last der tiere des südens
nicht wissend wohin
mit ihrem schritt auch hier
spielt der wind wo er nicht soll
nur nicht so laut.

licht vom friaul her am blauen wasser es war doch einst in diesemjenem jahr und wetter eine stadt : da flüsterte man über kanäle hinweg hinterm unbändigen spielen der kinder in den längeren dämmer hinein : nun kommt der abend leise : auch über diese straße : die ebene liegt rot und blau und lila bis braun ohne kaltes in allen farben : kälte ist im

AUCH hier nachtfrost
kargheit alles der milde
bleibt nichts überlassen
früh
sperrt man den abend aus
den scharfen mond
werweiß in welchen betten
die schläfer um den schlaf gebracht
ins dunkel sehn
auf nichts zu lauschen wissen
als ihr herz das schlägt
so kümmerlich indessen
bellen die hunde
rasseln die ketten
die verbellten ermüdet
von ihren wegen wähnt man
im freien und nennt sie
verworfenes silber im sinn.

gebirge geblieben : da steht es in der ferne als ginge die welt dort zu ende und sieht doch traurig aus : so unteilhaftig an der sanftheit und sich selbst so ungenug in seiner aufgetürmtheit die doch nicht bis an den himmel reicht : nacht breitet gleichmäßig wie gerecht verteilte dunkelheit übers land gönnt kleine lichtkränze um ortschaften und

DÄMMER fiel feuer
entsprangen im flachen land
an den rändern der flußmünder
wuchs das eis in den abend
schatten hielten sich fern von den feuern
sie brannten still die kalten
nächte verzehrten den wind
ohne eines irrlichts spiel.

Ein dünnes lied lag in der luft
von ortschaft zu ortschaft
ein steg in den wolken
womögliche botschaft von vögeln
kranichen etwa
die sich merken die zeit ihrer heimkunft.

gestattet verschwelenden feuern aus gebranntem weidenhaar zwischen den ahnbaren baumsockeln das ausglühen angesichts des heranziehenden frosts : der fluß mit seinen armen liegt im tintenschwarzblau der mondlosigkeit : sterne ziehen licht und geben es nicht mehr her : trinken tagesschein und geben der müden sonne davon : so macht man

GEBORSTENER weinstock
spleißt sich am rostigen zaun
ein handteller wildnis
stockstill um winterndes
unter dem laub

männer setzen die äxte an einen schwarzen baum
mundfaul und bitter
lichten sie das gehölz

im hintergrund:
verschneite felsenhöhn

die hähne krähn wie eh und je
was kann dem weinstumpf jetzt noch blühen?

die männer treten ab
an stumpfen zähnen lernen sie ihr schweigen
von den vätern die sich
von herlingen nährten.

sich einen reim auf die nächtlichkeit auch der fluß hat doch noch licht tief unter der decke die sich dem eis verwehrt und fließt : herzfluß mit aalen reis und reusen die aus unklarer tiefe schimmern hier gehts ins meer das nur halb eines ist : da flinkeln die aale wie in ganz alten bildern : ach nacht laß doch das müde haupt : was ist ufer was wasser

Spätfröste

eisscherben unterm tritt
und dieser verwischte
horizont des eingerissenen jahrs ja
und verschneite stege auch
alle wege
schlüpfrige stellen im dunkeln
das hör ich läuten
von ferne und blechern.

Danach gehört die luft wieder ganz
den kranichen die im verharschten stehen
und schreien
umeinander fast ihr ganzes leben
liegt ihnen in der kehle
dem bebenden klagesack.

was erde was himmel was mündung und meer : auch im langsamen streichen von reif über die ränder der kanäle und gräben liegt noch geruch nach fischen in der luft : im salz dem verwesen entkommen in kälte geborgen : wie flimmerte es hier in den augen abseits von nacht winter wanderschaft : schönflaches land als gäb es keine steilheit auf der welt : in

Ein licht tanzt freundlich vor mir her

dann kommt der morgen

schwarzweiße landschaft
in armen höfen kohlenhaufen
mit den letzten worten schnee
hingeworfene nachricht für die primeln
die noch im boden hocken
die zünglein eingerollt
die köpfchen gefaltet
wie etwas in schränken
mit ihren stößen stapeln zetteln:
ordnung zum sterbeverlauf

je nun je nun   das hatte man doch
so gesucht!   dabei war es ja
schon eingegraben in der tafel ihres herzens.

der ebene stellt sich der wandernde nur selbst ein bein und stößt der fuß an sein paar um zu stolpern : bis an die roten mauern von stadt wintermorgens und gegen den himmel in all seinem frost : vergiß nicht auf die kalte welt an grabgestein hinter mauern schleifts sich entlang in die stille die keinem gehört : wie lange noch in welchen zeiten mißt sich

Wär er uns noch einmal
gut der winter:
noch ein schneefall
noch ein schnarren von amseln
noch ein schwarzer apfel im hof!
wäre der winter
uns einmal noch gut wir schnitten
in eine rinde
noch ein wort
einen spruch von den schafen
sollen sie wieder hindurchgehen
unter den händen der zählenden
ja sollen sie – wir würden schon
würden schon nicht mehr
ihrer vergessen.

noch der weg nach dem abhandenkommen des halts : noch einmal gebirge : noch einmal meer : noch einmal ein ort : eine fremdnis : goldammer raschelt unverhofft im gebüsch : eine palme flüstert vom frost heiser ihre trockene sprache über das land am fuße des

Drei sonnen wieder
ganz kurz fädriges leuchten hinter gewölk
wie nebel
vorübergehende blendung

gefrorne tropfen fallen
auf see schon hoher fahrt
ins eis die besatzung
im rücken bang wie ein kind
ein einziges allesamt:
ist ein wort vom ewigen da?
vorerst keines
so sing uns doch ein lied.

bergs : dünnes eis ungeborsten auf die brunnenspiegel gespannt : rauhreif über den olivenbäumen : vögel die stumm sind :

Hört *ihr da am straßenrand*
der herzensdinge tief verschneit
was ist geworden aus den spitzen
steinen?

Da liegt der blasse
abendstern und will uns
nimmer scheinen.

I

II

Erste Auflage Berlin 2016

Illustration: Christian Thanhäuser, Ottensheim.
Satz: Joseph Thanhäuser, Wien.
Druck und Bindung: Friedrich Pustet, Regensburg.

ISBN 978-3-95757-222-6

www.matthes-seitz-berlin.de